My First OXFORD German Words

Illustrated by David Melling
Compiled by Neil Morris

OXFORD
UNIVERSITY

For Bosiljka, Branko and Igor Sunajko.

D.M.

OXFORD
UNIVERSITY PRESS

Great Clarendon Street, Oxford OX2 6DP

Oxford New York
Athens Auckland Bangkok Bogotá Buenos Aires Calcutta
Cape Town Chennai Dar es Salaam Delhi Florence Hong Kong Istanbul
Karachi Kuala Lumpur Madrid Melbourne Mexico City Mumbai
Nairobi Paris São Paulo Singapore Taipei Tokyo Toronto Warsaw
and associated companies in
Berlin Ibadan

Oxford is a registered trade mark of Oxford University Press

British Library Cataloguing in Publication Data available

German translation by Roswitha Morris

ISBN 0–19–910744–0

Printed in Italy

Contents

Ich und du

die Brust

das Bein

der Fuß

der Zeh

der Ellbogen

der Rücken

der Po

der Finger

der Bauch

das Knie

die Hand

die Haare

der Arm

der Kopf

die Schultern

das Gesicht

die Backe

das Ohr

das Auge

das Kinn

der Mund

die Zähne

die Zunge

der Hals

die Nase

das Mädchen

der Junge

5

Zu Hause

das Dach

die Mülltonne   die Gartenpforte

die Treppe

der Schornstein

der Zaun

die Garage

das Fenster

die Tür

der Hund   die Katze

das Kaninchen

die Spinne   die Schnecke

die Post

der Postsack

das Blatt   die Blume

der Baum

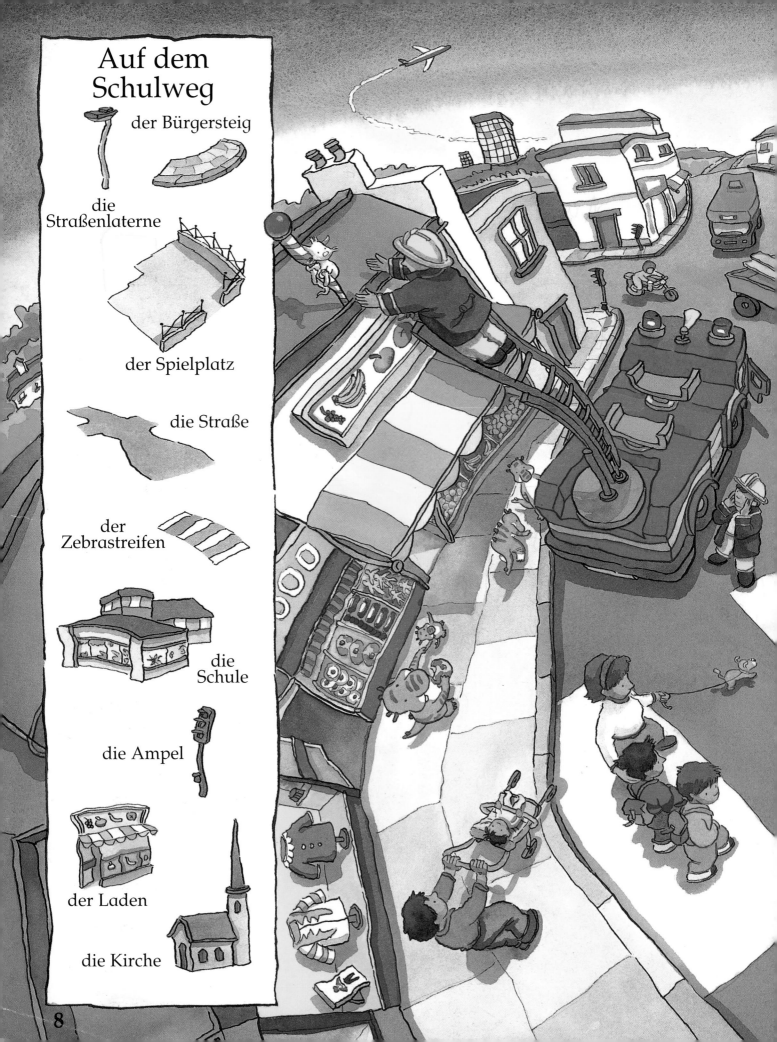

Auf dem Schulweg

der Bürgersteig

die Straßenlaterne

der Spielplatz

die Straße

der Zebrastreifen

die Schule

die Ampel

der Laden

die Kirche

8

das Fahrrad

das Auto

der Bus

das Motorrad

die Feuerwehr

der Lastwagen

der Hubschrauber

der Krankenwagen

das Flugzeug

9

Unser Klassenzimmer

die Schultasche

das Buch

die Pausenbox

die Tafel

die Kreide

der Globus

der Tisch

der Magnet

der Papierkorb

der Kassettenrekorder

die Kassette

das Lineal

der Computer

die Landkarte

die Diskette

der Würfel

die Tastatur

die Maus

11

Spaß mit Farben

schwarz

blau

braun

grün

grau

orange

rosa

lila

rot

weiß

gelb

12

die Schürze

der Kleber

das Bild

der Pinsel

die Farben

der Bleistift

das Papier

die Schere

der Filzstift

die Staffelei

13

Berufe

der Briefträger

der Bauarbeiter

die Ärztin

der Polizist

die Tierärztin

der Fußballspieler

der Feuerwehrmann

der Schaffner

der Lokomotivführer

die Popsängerin

der Pilot

die Ballerina

der Taucher

der Koch

der Astronaut

der Rettungsschwimmer

Es war einmal

Die Dinosaurier:
Vor 200 Millionen Jahren

der Tyrannosaurus rex

der Stegosaurier

der Diplodokus

das Saurierskelett

 das Fossil

der Knochen

Die Steinzeitmenschen:
Vor 10 000 Jahren

die Höhle

der Feuerstein

die Höhlenmalerei

das Feuer

Die alten Ägypter:
Vor 5 000 Jahren

die Pyramide

die Sphinx

der Pharao

Die alten Römer:
Vor 2 000 Jahren

die Keramik

die Münzen

der Soldat

Im Supermarkt

der Einkaufswagen

der Korb

die Kasse

das Brot

der Kuchen

die Marmelade

die Haferflocken

die Kartoffeln

die Würstchen

die Spaghetti

die Milch

die Joghurt

der Käse

die Eier

der Apfel

die Banane

die Apfelsine

die Tomate

die Karotte

der Salat

Ungeheure Ungeheuer

der Herd

der Kühlschrank

die Waschmaschine

der Topf

das Bügeleisen

die Tasse

die Schüssel

das Messer

die Gabel

der Wasserkessel

der Teller

der Löffel

die Untertasse

der Stuhl

die Teekanne

das Kissen

das Sofa

die Stereoanlage

der Tisch

der Fernseher

der Videorekorder

der Staubsauger

Spiel mit!

das Puppenhaus

die Puppe

das Spiel

der Rennwagen

der Roboter

das Puzzle

der Teddybär

die Eisenbahn

die Trommel

die Gitarre

das Keyboard

das Mikrofon

die Trompete

die Blockflöte

die Beckenteller

die Rassel

das Tamburin

23

Auf dem Bauernhof

das Pferd

das Huhn

der Hahn

die Ente

die Gans

das Schaf

die Ziege

das Schwein

die Kuh

der Traktor

der Bach

die Brücke

das Feld

der Wald

das Heu

der Hügel

die Vogelscheuche

25

Am Meer

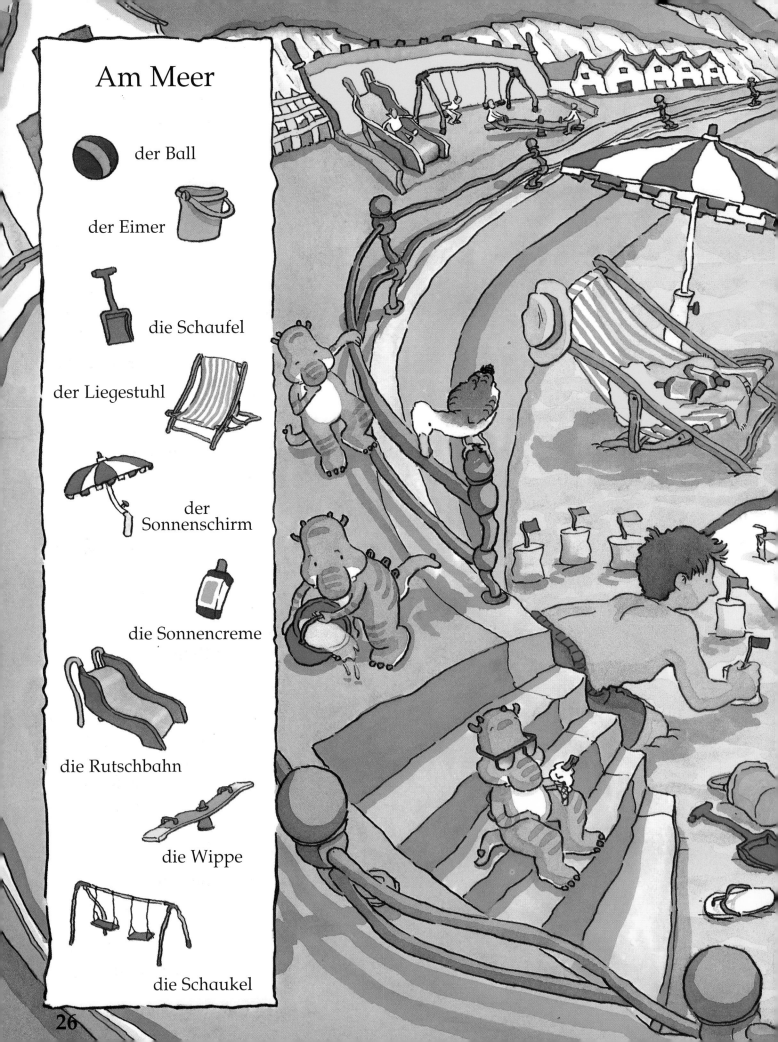

der Ball

der Eimer

die Schaufel

der Liegestuhl

der Sonnenschirm

die Sonnencreme

die Rutschbahn

die Wippe

die Schaukel

das Schiff

der Leuchtturm

die Sandburg

die Möwe

die Muschel

der Krebs

die Krake

der Seestern

der Tang

27

Die Geburtstagsparty

die Geburtstagskarte

die Kerze

der Luftballon

das Geschenk

die Girlande

die Pfeife

der Partyhut

der Zauberstab

der Zauberer

die Bonbons

das Sandwich

die Pizza

das Eis

die Schokolade

der Keks

der Strohhalm

der Becher

die Torte

Lustige Tiere

der Elefant

das Krokodil

die Giraffe

der Fisch

das Nilpferd

das Känguru

der Affe

der Koala

30

die Maus

das Walross

der Papagei

der Pinguin

der Tiger

das Zebra

der Panda

das Nashorn

Im Badezimmer

das Kleid

die Jacke

der Pullover

die Shorts

die Unterhose

das Hemd

die Schuhe

der Rock

die Strümpfe

die Hose

das T-Shirt

32

 das
Waschbecken

die Badewanne

der Waschlappen

der Spiegel

die Dusche

die Seife

der Schwamm

die Toilette

das
Toilettenpapier

die Zahnbürste

die Zahnpasta

das Handtuch

Gute Nacht!

der Schrank

die Vorhänge

der Nachttisch

die Lampe

das
Nachthemd

der
Schlafanzug

das Kissen

das Bett

die Decke

die Kommode

das Märchenbuch

die Burg

der König

die Königin

der Geist

die Wunderlampe

der Drache

der Riese

Mein Bildwörterbuch

Match the words with the pictures

die Ameise

das Ei

der Fisch

die Glocke

der Hubschrauber

der Hund

der Jongleur

der König

die Königin

die Krake

der Lieferwagen

der Marienkäfer

die Marionette

die Maus

der Nagel

die Raupe

der Regenschirm

der Ring

das Röntgenbild

das Segelschiff

die Strümpfe

der Tiger

die Tinte

die Uhr

das Zebra

die Ziege

Zähl mit! 1 2 3

0 null

1 eins

2 zwei

3 drei

4 vier

5 fünf

6 sechs

7 sieben

8 acht

9 neun

10 zehn

die Erste

der Zweite

der Dritte

11 elf 12 zwölf 13 dreizehn

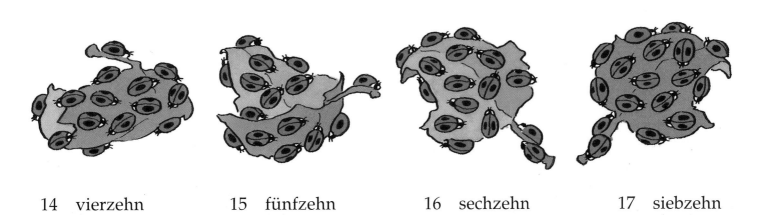

14 vierzehn 15 fünfzehn 16 sechzehn 17 siebzehn

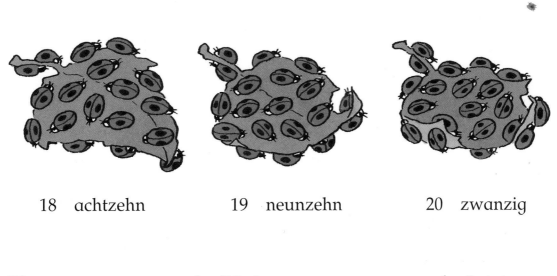

18 achtzehn 19 neunzehn 20 zwanzig

der Vierte der Fünfte der Letzte

Viele Formen

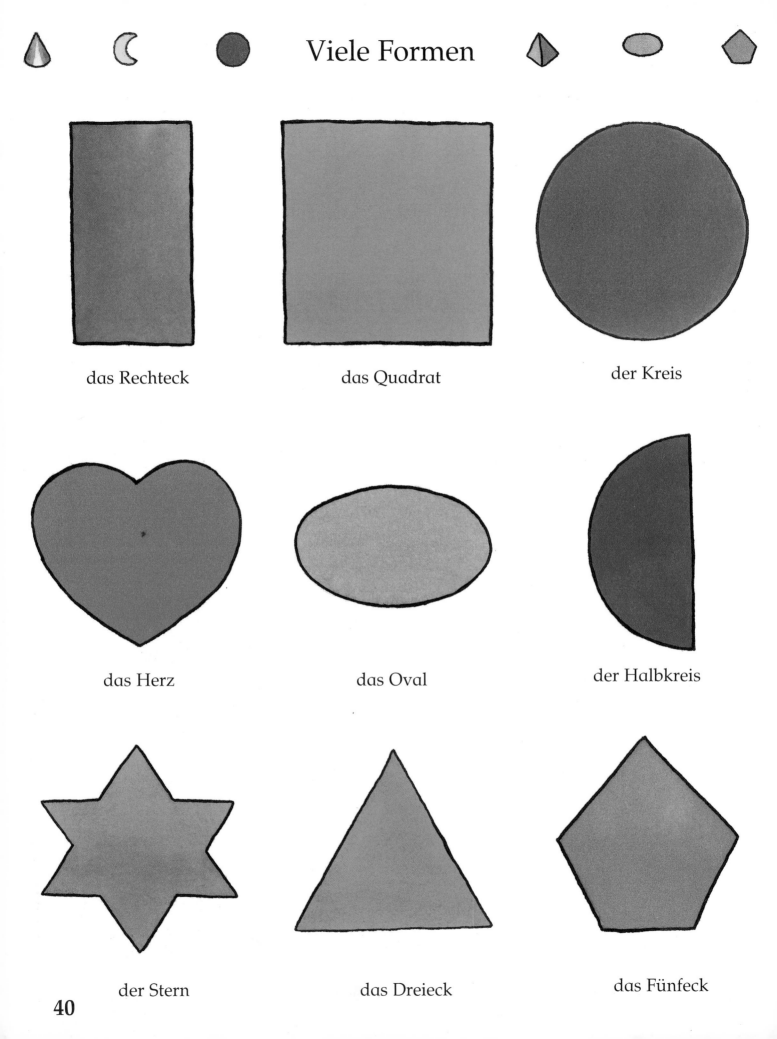

das Rechteck

das Quadrat

der Kreis

das Herz

das Oval

der Halbkreis

der Stern

das Dreieck

das Fünfeck

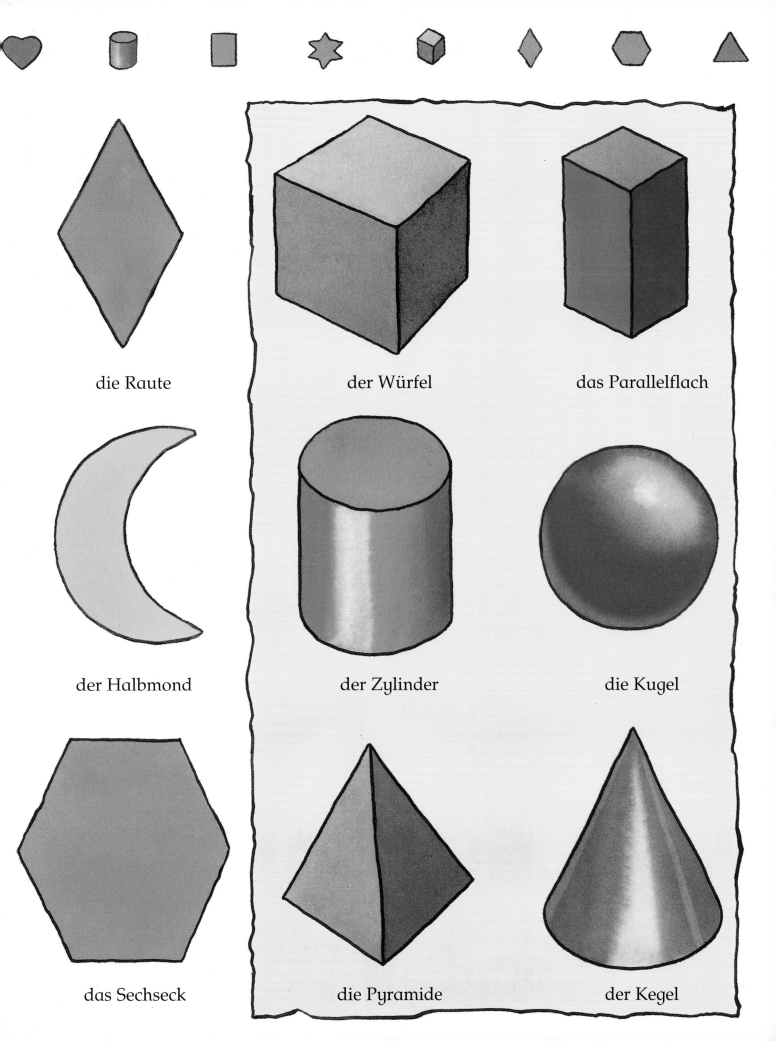

die Raute

der Würfel

das Parallelflach

der Halbmond

der Zylinder

die Kugel

das Sechseck

die Pyramide

der Kegel

Genau das Gegenteil

groß/klein

sauber/schmutzig

dick/dünn

voll/leer

oben/unten

heiß/kalt

neu/alt

offen/zu

dunkel/hell

schnell/langsam

glücklich/traurig

schwer/leicht

lang/kurz

mehr/weniger

gleich/verschieden

nass/trocken

Das Wetter

wolkig

sonnig

regnerisch

schneeig

windig

neblig

Die Uhrzeit

acht Uhr früh

zehn Uhr früh

zwölf Uhr mittags

zwei Uhr nachmittags

vier Uhr nachmittags

sechs Uhr abends

Index